Wie das Glück Lust bekommt, bei dir zu wohnen

Praktische Impulse für mehr innere Ruhe und Gelassenheit

Auflage 1 / 25.08.2023 / Eva Spiegelsberger

Eva
Spiegelsberger

Inhaltsverzeichnis

Einleitung

"Probleme kann man niemals mit derselben Denkweise lösen, durch die sie entstanden sind." Albert Einstein

Das Ziel dieses Buches ist es, dir Mut zu machen.

Mut als Gegenmittel zur Resignation.

Wenn du dich gerade ausgeliefert fühlst, machtlos oder einfach nur weniger glücklich, als du es möchtest.

Vielleicht bist du gerade so in einer Situation gefangen, dass du keinen Ausweg erkennen kannst.

Wenn du mittendrin steckst, ist das völlig normal. Du konzentrierst dich auf das Problem und kannst die Lösung nicht erkennen.

Es geht vielen Menschen so.

Stellvertretend für so einen ganz normalen Menschen mit seinen ganz normalen Alltagssorgen steht in diesem Buch die Raupe.

Ihre Eigenschaften sind:

angespannt, ängstlich, ärgerlich,
argwöhnisch, bedrückt, befangen,
beklommen, bekümmert, belastet,
beleidigt, beschämt, besorgt, bestürzt,
betroffen, betrübt, beunruhigt, bitter,
blockiert, brummig, deprimiert,
distanziert, dumpf, einsam,
empfindlich, energielos, entmutigt,
entsetzt, enttäuscht, erschöpft,
feindselig, frustriert, furchtsam,
gehemmt, gelangweilt, gereizt,
gleichgültig, griesgrämig, grantig,
hilflos, hoffnungslos, kraftlos, launisch,
leer, lustlos, missmutig, misstrauisch,
müde, mürrisch, mutlos,
niedergeschlagen, nachtragend,
ohnmächtig, pessimistisch, schläfrig,
schlapp, schwermütig, schwunglos,
skeptisch, teilnahmslos, träge, traurig,
trübselig, überfordert, überlastet,
unglücklich, unschlüssig, unzufrieden,
verängstigt, verbittert, verkrampft,
verschlossen, vorwurfsvoll, zögerlich

Das mag jetzt der Zustand sein, in dem sie ist.
Doch das muss ja nicht so bleiben.

Jede Raupe hat die Möglichkeit, ein
Schmetterling zu werden.

Und dann hat sie vielleicht diese
Eigenschaften:

*befreit, erfüllt, leicht, großartig,
inspirierend, lebendig, neugierig,
aufmerksam, beflügelt, begeistert,
beschwingt, bewegt, bewusst, dankbar,
einfallsreich, energiegeladen, mutig,
fasziniert, frei, freundlich, friedlich,
fröhlich, gesund, glücklich, gütig,
großzügig, harmonisch, heiter, herzlich,
interessiert, inspiriert, klar, kraftvoll,
kreativ, lebendig, lebenslustig, leicht,
leidenschaftlich, liebevoll, motiviert,
munter, neugierig, offen, optimistisch,
präsent, respektvoll, sanft,
schwungvoll, selbstsicher, sonnig,
sorgenfrei, strahlend, stressfrei,
tolerant, unbekümmert, unbeschwert,
vergnügt, verspielt, vertrauensvoll,
wach, wissbegierig, zufrieden,
zugänglich, zuversichtlich*

Und genauso wie die Raupe zum Schmetterling werden kann, kann sich auch ein unglücklicher Mensch zu einem glücklicheren Menschen entwickeln.

Manchmal genügt schon ein kleiner Wechsel der Perspektive oder ein neuer Gedanke.

"Es ist das Ende der Welt", sagte die Raupe. "Es ist erst der Anfang", sagte der Schmetterling.

Dieses Buch möchte dich inspirieren, einmal etwas ein bisschen anders zu machen als sonst immer. Vielleicht einen anderen Gedanken zuzulassen.

So kannst du dein Leben in eine positivere Richtung lenken.

Aber mach dir bloß keinen Stress!

Kein Mensch ist perfekt. Und niemand kann in allen Lebensbereichen alles immer nur richtig machen.

Schau einfach, was dich anspricht und
probiere es aus.

Aber bedenke:

*"Jemand, der etwas versucht, erwartet
Enttäuschung.
Jemand, der etwas tut, erwartet Erfolg."*

Vielleicht stellst du dabei fest, dass es in
einigen Bereichen schwierig ist, dein Leben
einfach so positiv zu verändern.
Das ist auch ganz normal.

Zum Glück gibt es mittlerweile viele
wirkungsvolle therapeutische Methoden, die
dir helfen können.
Informationen dazu habe ich im Anhang
aufgeführt.

Kann ich dich inspirieren, die Reise zu mehr innerer Ruhe, Gelassenheit, Glück und Gesundheit wirklich zu beginnen?

Dann zeige ich dir die ersten Schritte in einem kurzen Video. Scanne einfach diesen QR-Code und schau dir meine kostenfreien zusätzlichen Praxistipps an.

oder

www.eva-spiegelsberger.de/buch-bonus

Und falls es dir dabei so geht wie mir manchmal und die Technik macht nicht das, was sie soll, dann schreib mir einfach eine Mail an

info@hp-spiegelsberger.de

Dann schicke ich dir den Zugang ohne Formular.

Aber jetzt schau erstmal in dieses Buch.

Aufgebaut ist es so:

- Ich beschreibe eine Situation.
- Dann gibt die Raupe ihren Kommentar dazu.
- Ich erkläre ein bisschen was zu dem Thema.
- Dann sagt der Schmetterling, wie er es macht.

Zur Inspiration gibt es ein passendes Zitat von einem schlauen Menschen.
Und ab und zu habe ich noch einen sonnigen Praxistipp.

Los geht's!

Stress

Dein Tag heute war vollgepackt mit Arbeit und Terminen.

Endlich Feierabend!

Vorher musst du noch schnell etwas für das Abendessen einkaufen.

Doch es ist wie verhext.
Erst stehst du im Stau, dann findest du keinen Parkplatz, die Schlange an der Kasse ist so lang wie nie…

ICH HABE SO
EINEN STRESS!

Kontrollverlust ist ein sehr mieses Gefühl.
Du fühlst dich den äußeren Umständen
ausgeliefert, die du nicht beeinflussen
kannst.

Das Einzige, was du tun kannst, ist, deine
Einstellung zu den Dingen zu ändern.
Das Wichtigste dabei ist, den Widerstand
gegen das, was ja nunmal in deinem
Leben gerade ist, aufzugeben. Du kannst
es ja nicht ändern.

Und noch etwas kannst du probieren:
Wenn du statt „Ich habe Stress" sagst:
„Ich lasse mich stressen", übernimmst du
wieder die Kontrolle über deine Gefühle
und deine Stimmung.
Und dann ist es nur noch ein kleiner
Schritt bis du sagst „Moment mal, ich
lasse mich stressen? Nö, dazu habe ich
keine Lust. Ich lasse mich nicht stressen."

Und dann kann es sein, dass du die
gleichen unangenehmen Situationen
nicht mehr als so schlimm wahrnimmst
wie früher.
Das kann man üben!

Frag dich öfter mal, wie schlimm ist es denn wirklich im Hinblick auf dein ganzes Leben? Und gibt es etwas Positives, auf das du dich stattdessen konzentrieren kannst?

KEINE LUST AUF STRESS! ICH BLEIBE LIEBER ENTSPANNT!

„Ich habe schon immer an eine Verschwörung des Guten geglaubt und handle in dem Bewusstsein, dass hinter meinem Rücken alle zu meinem Wohlergehen beitragen."

Stan Dale
Schriftsteller (1929-2007)

Ärger

Du fährst mit dem Auto zur Arbeit.

Wie immer sind die Straßen voll.

Einige Autofahrer drängeln sich in deine Spur.

Du musst bremsen und kommst nicht so schnell voran, wie du willst.

ICH ÄRGERE MICH SO!

Kannst du das Verhalten anderer
Menschen beeinflussen? Nein.

Das Einzige, das du beeinflussen kannst,
ist deine Reaktion auf ihr Verhalten.

Ähnlich wie beim Stress kannst du durch
die Formulierung wieder die Kontrolle
übernehmen.
Aus "Ich ärgere mich", machst du: "Ich
lasse mich ärgern." Und dann
entscheidest du.
Natürlich kannst du dich auch dafür
entscheiden, dich zu ärgern. Das ist dein
gutes Recht. Manchmal will man einfach
mal Dampf ablassen. Aber dann tu es
auch bewusst. Du entscheidest, ob du
dich ärgerst. Und du kannst auch
entscheiden, ob du dich nicht mehr
ärgerst. Dem anderen Autofahrer ist das
vollkommen egal.
Und noch etwas kannst du versuchen:
Wünsche allen Autofahrern, die dir
begegnen, einen schönen Tag - auch
denen, die dir die Vorfahrt nehmen.
Das hebt deine Stimmung sofort.
Probier es einfach mal aus!

ICH LASSE MICH NICHT ÄRGERN!

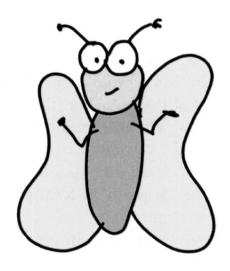

"Warte nicht darauf, dass die
Menschen Dich anlächeln.
Zeige ihnen wie es geht!"
Pippi Langstrumpf

Es ist wie es ist

"Es ist wie es ist!" Das ist ein sehr starker Satz in der Aufstellungsarbeit (Familienstellen). Das bedeutet, dass du das, was ist, annimmst. Ohne Anklage oder Groll gegen jemand anderen.
Du akzeptierst die Situation. Es ist jetzt nun einmal so. Vor allem wenn dir jemand anders etwas angetan hat, kann dieser Satz hilfreich sein.
Es nützt nichts, sich das Schlechte aus der Vergangenheit immer wieder in Erinnerung zu rufen.

Schau es dir in Ruhe an und dann lasse es los. So wirst du freier, deine Gegenwart schöner zu gestalten.

Zeit

Arbeit, Zeitung lesen, einkaufen, kochen, putzen, Nachrichten schauen...

Dein Leben verläuft jeden Tag so ziemlich gleich.

Vielleicht gäbe es etwas, was du anders machen könntest.

Etwas, was dir wirklich Spaß macht und dich auch ein Stückchen weiterbringt im Leben?

DAFÜR HABE ICH KEINE ZEIT!

Manchmal ist man so gefangen in seinem Alltag, dass das Leben an einem vorbei geht.
Man hat wirklich das Gefühl, keine Zeit für schöne Dinge zu haben. Aber das kann eigentlich gar nicht sein.

Jeder Mensch hat jeden Tag 24 Stunden zur Verfügung. Es ist eine Sache der Prioritäten, die man setzt.

Man könnte auch sagen: Zeit hat man nicht - man nimmt sie sich - und zwar für das, was einem wichtig ist.

Der größte Zeitfresser ist das Fernsehen. Da merkt man gar nicht, wie schnell 2 Stunden vergangen sind.

Solange du noch Zeit findest, abends Filme, Serien und anderen Kram zu schauen, hättest du auch Zeit zum Lesen, Sport zu machen, zu meditieren, dir etwas Schönes zu kochen und, und, und.

ICH NEHME MIR DIE ZEIT!

"Viele Menschen versäumen das kleine Glück, während sie auf das Große vergebens warten."
Pearl S. Buck, Schriftstellerin (1892-1973)

Geld

An sich bist du ja gesund.

Aber manchmal plagen dich kleine
Zipperlein.

Der Rücken tut weh, mit der Verdauung
klappt es nicht so recht.
Wegen so etwas gehst du nicht zum Arzt.
Aber es gibt ja alternative natürliche
Methoden, um die Gesundheit zu bewahren.

Das bezahlt aber die Krankenkasse nicht.

Was tust du?

Wie sagt man so schön? Zeit ist Geld.
Und tatsächlich kann man das
vergleichen.

Wenn du für etwas kein Geld hast, kann
man auch sagen, dass es dir eben nichts
wert ist.

Für manche Menschen ist es wichtig, ein
neues Auto zu haben.
Für andere ist das Wichtigste eine schöne
Urlaubsreise.

Aber was kann wichtiger sein, als deine
Gesundheit?
Wenn du krank bist, nützt dir das neue
Auto auch nichts. Und in Urlaub fahren
kannst du dann auch nicht mehr. Setze
dich und deine Gesundheit an die erste
Stelle deiner Prioritätenliste.

Ohne Gesundheit ist alles andere nichts
wert.

ICH VERWENDE
MEIN GELD DAFÜR,
DASS ES MIR GUT
GEHT!

"Wirklich reich ist der, der mehr Träume in seiner Seele hat, als die Wirklichkeit zerstören kann."

Hans Kruppa
(Schriftsteller)

Passiv entstressen

Ein Glücksgefühl kann auch anders als durch positives Denken erreicht werden.
Auch dein körperlicher Zustand wirkt sich auf deine Stimmung aus.
Sport und gute Ernährung sind immer eine prima Idee.

Zusätzlich gibt es auch die Möglichkeit, ohne selbst etwas zu tun, entspannter und gelassener zu werden.
Zum Beispiel durch eine **Bowtech**-Behandlung. Hier findest du Therapeuten, die sich damit auskennen: www.bowtech.de

Zusätzlich haben aber auch bestimmte Vitalstoffe und auch Darmbakterien, die man zu sich nehmen kann, Einfluss auf die Stress-Resistenz und die gute Laune.

Anstrengung

Du hast ein Problem.

Um dieses Problem womöglich lösen zu können, müsstest du etwas tun.

Vielleicht
- Sport machen,
- ein Seminar besuchen, um etwas zu lernen,
- ein Buch lesen,
- selber kochen,
- aufräumen...

DAS MACHE ICH NICHT - DAS IST MIR ZU ANSTRENGEND!

Ja, ja, die Bequemlichkeit.

Sie verhindert, dass wir unser Leben
selber schöner machen.

Dabei macht es so viel Freude, wenn man
etwas geschafft hat. Auch, oder gerade
wenn etwas vorher anstrengend war.

Stell dir zwei Gewichtheber vor.
Der eine steigert seine Gewichte immer
weiter.
Der andere nimmt immer nur 10 Kilo.
Wer von beiden hat nach ein paar
Wochen mehr Muskeln?

Du kannst deine Einstellung ändern und
dich freuen, wenn etwas anstrengend ist.

Du weißt dann, dass es dich stärker
macht.
Und nur so entwickelst du dich weiter.

ICH PROBIERE ES
EINFACH MAL AUS!
DAS, WAS ICH
TRAINIERE, WIRD
STÄRKER!

"Glück ist kein Geschenk der Götter, sondern die Frucht innerer Einstellung."
Erich Fromm, Psychoanalytiker (1900-1980)

Der innere Schweinehund

Wenn es um die Umsetzung von Veränderungen geht, wird der innere Schweinehund oft herangezogen, um zu erklären, warum etwas nicht so klappt, wie es sollte.

Wenn du auch so einen Mitbewohner hast, aber trotzdem eine Veränderung willst, habe ich eine Empfehlung für dich.

"Eselsweisheit - Der Schlüssel zum Durchblick" von Mirsakarim Norbekov. In diesem Buch wird dem inneren Schweinehund sehr unterhaltsam der Kampf angesagt. Dabei darfst du allerdings nicht zimperlich sein und nicht schnell beleidigt. Norbekov nimmt in seinem Buch kein Blatt vor den Mund und macht sehr deutlich, wer für die Veränderung in deinem Leben zuständig ist: Du selbst!

Veränderung

Du hast die Chance auf eine neue
Arbeitsstelle oder einen Umzug.

Oder dein Partner schlägt dir vor, ein
neues Hobby auszuprobieren.

Oder mal statt an die Ostsee in die Berge
zu fahren oder ganz woanders hin -
Afrika, Amerika, Asien?

ACH NÖ, WIR
MACHEN DAS SO,
WIE WIR DAS
IMMER GEMACHT
HABEN. DANN KANN
AUCH NICHTS
PASSIEREN.

Stell dir vor, alle würden immer nur das machen, was sie immer schon gemacht haben.

Dann hätte die Menschheit sich nie weiterentwickelt.

Wenn man älter wird, hat man das Gefühl, dass die Zeit immer schneller vergeht.
Das liegt daran, dass wir normalerweise nicht mehr viel Neues erleben. Alles läuft quasi im Autopilot.

Dagegen kannst du etwas tun.

Also los - runter vom Sofa und machen!

AU JA, DAS
MACHEN WIR!
ES MACHT SPAß,
ETWAS NEUES
AUSZUPROBIEREN!

"Du kannst nicht immer in der Ecke des Waldes bleiben und darauf warten, dass andere zu dir kommen. Du musst auch manchmal zu ihnen gehen."

Pu, der Bär

Skepsis

Dir begegnet etwas, das eine Lösung für
ein Problem sein könnte.

Du hast noch nie davon gehört und du
verstehst es noch nicht ganz.

ICH VERSTEHE ES
NICHT, DESHALB
GLAUBE ICH NICHT,
DASS ES
FUNKTIONIERT!

Probieren geht über Studieren.

Wenn man nie etwas ausprobiert, kann man auch nie neue Erfahrungen machen.

Wenn man vorurteilsfrei an die Dinge herangeht, steht einem die Welt viel weiter offen.

Manche Dinge funktionieren, ohne dass man erklären kann, wie genau.
Aber ist das nicht eigentlich egal?

Hauptsache sie funktionieren!

ICH PROBIERE ES
EINFACH MAL AUS.
NUR DANN KANN
ICH WISSEN, OB
ES FUNKTIONIERT.

> Nicht Erfolg führt zum glücklich sein. Glücklichsein führt zum Erfolg.

Glaub an dich

Du stehst vor einer großen
Herausforderung.

Vielleicht willst du den Führerschein
machen.

Oder eine neue Ausbildung.

ICH SCHAFFE DAS NICHT.

Überleg mal, was du schon alles geschafft
hast in deinem Leben.

Du hast laufen gelernt und sprechen.

Du hast es geschafft, weil du es
unbedingt wolltest.

Wenn du heute etwas unbedingt willst,
wirst du es auch schaffen.

Und das wirst du nur herausfinden,
wenn du es ausprobierst.
Nur wenn du vorher schon aufgibst,
wirst du verlieren.

Streiche die Wörter "unmöglich" und
"einfach" aus deinem Wortschatz.

Gerade wenn es schwierig ist, wirst du
umso stolzer sein, wenn du es geschafft
hast.

WARUM SOLLTE ICH ES NICHT SCHAFFEN?

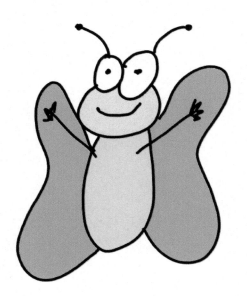

"Das haben wir noch nie probiert,
also geht es sicher gut."

Pippi Langstrumpf

Nie aufgeben!

Wenn du ein sehr großes Problem hast, das nicht einfach mit einem Wechsel der Perspektive gelöst werden kann, dann möchte ich dir eins sagen:
Bitte gib niemals auf, nach einer Lösung zu suchen!

Es gibt so viele Möglichkeiten. Sei es im Bereich der Gesundheit oder des Glücks. Wir wissen niemals alles, was es auf der Welt gibt. Und wir verstehen auch noch nicht die großen Zusammenhänge. Aber Schritt für Schritt können wir immer weiter voran kommen. Finde dich nicht einfach damit ab!

Stell dir einen Taucher vor, der aus 100 Metern Tiefe auftauchen will. Die ersten 99,5 Meter passiert gar nichts. Immer noch ist Wasser über ihm. Was wäre, wenn er jetzt aufgeben würde?

Gründe oder Wege

Es gibt etwas, das dein Leben verbessern würde.

Du müsstest nur ins Tun kommen.

DAS GEHT NICHT, WEIL...

Wer will, findet Wege.

Wer nicht will, findet Gründe.

Manche Menschen verwenden sehr viel
Energie darauf, die Gründe darzustellen,
warum etwas nicht geht.

Diese Energie könnten sie gut einsetzen
für die Umsetzung ihrer Ziele.

ICH WILL DAS
UNBEDINGT!
ALSO WERDE ICH
HERAUSFINDEN,
WIE ICH ES
SCHAFFE!

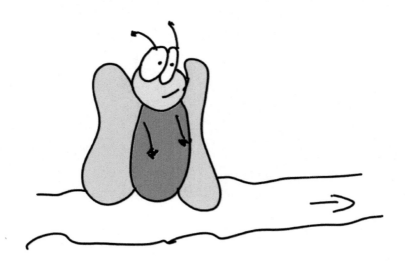

"Mut steht am Anfang des
Handelns, Glück am Ende."
Demokrit, griechischer Philosoph
(460 v.Chr. - 371 v.Chr.)

Achte auf deine Worte

Jedes Wort hat eine eigene Schwingung, eine eigene Energie.

Besonders deutlich hat das Dr. Masaru Emoto gemacht mit seinen Experimenten zu gefrorenen Wasserkristallen. Wörter wie „Pech" oder „Hass" führten zu unharmonischen Eiskristallen.
Positive Wörter wie „Liebe" oder „Glück" ließen wunderschöne harmonische Kristalle entstehen.
Und woraus bestehen wir Menschen hauptsächlich? Genau, aus Wasser.
Denk daran, wenn du das nächste Mal so etwas sagst, wie "Alles ist schlecht! Immer habe ich Pech!"

schlimme Erlebnisse

Du hast einen Autounfall.

Die Stoßstange ist kaputt.

Das wird teuer und du hast einen großen Schreck bekommen.

DAS WAR SOOO
SCHLIMM!
DAS MUSS ICH
GLEICH ALLEN
ERZÄHLEN!

Eine Situation ist niemals objektiv schlimm oder schön. Es kommt auf die Bewertung an.
Du kannst dich entscheiden, wie deine Bewertung ausfällt.

Du kannst dich ärgern und dich aufregen oder du kannst überlegen, wie leicht es hätte schlimmer kommen können.

Und dann bist du vielleicht froh, dass es nicht so gekommen ist.

Manchmal ist man auch froh, wenn man etwas Interessantes zu erzählen hat. Das macht einen ja selbst interessant, oder? Und schlechte Nachrichten verkaufen sich immer besser als gute Geschichten.

Du musst aber bedenken, dass jedes Mal, wenn du erzählst, was dir Schlimmes passiert ist, die gleichen Stresshormone ausgeschüttet werden, wie in der Situation selbst.

Und ist dir die Story das wert?

ZUM GLÜCK IST ES
NICHT SCHLIMMER
GEKOMMEN!
JETZT BESCHÄFTIGE
ICH MICH WIEDER MIT
SCHÖNEN DINGEN!

"Die meisten Menschen sind so glücklich, wie sie es sich selbst vorgenommen haben."

Abraham Lincoln,
amerikanischer Präsident (1809-1865)

Vererbung

Dein Arzt stellt fest, dass du kurz davor
bist, Diabetes Typ 2 zu entwickeln.

Was tust du?

DA KANN MAN NICHTS
MACHEN.
DAS HATTE JA MEINE
MUTTER AUCH
SCHON.
DAS HABE ICH
GEERBT.

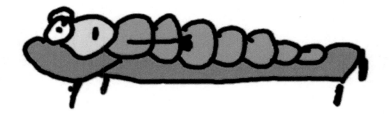

Die Epigenetik lehrt uns, dass wir zwar
eine Neigung zu bestimmten Krankheiten
erben können.
Das heißt aber nicht, dass diese Krankheit
sich auch in uns manifestieren muss.

Durch unsere Lebensweise können wir
beeinflussen, welche Gene quasi ein- oder
ausgeschaltet werden.

Mit einer gesunden Lebensführung
können wir mehr bewirken als viele
denken.

ICH TUE ALLES
DAFÜR, DAMIT ICH
WIEDER GESUND
WERDE.

"Auch aus Steinen, die einem in
den Weg gelegt werden, kann man
Schönes bauen."
Goethe

Der Darm

Wenn du nur eine Kleinigkeit für deine Gesundheit tun willst, dann kümmere dich um deinen Darm!

Wusstest du, dass mehr Nervenbahnen vom Darm zum Gehirn laufen als umgekehrt?
Das bedeutet, dass der Darm auch unsere Stimmung und unser Denken beeinflussen kann.
Neben anderen Kleinigkeiten wie zum Beispiel unserem Immunsystem.
Selbst Demenz wird mit einem kranken Darm in Verbindung gebracht.
Neben Neurodermitis, Depressionen und vielen anderen Symptomen.
Außerdem wird auch das Glückshormon Serotonin im Darm gebildet. Und davon kann man doch nie genug haben, oder?

Besserwisser

Ein Bekannter gibt dir einen Tipp, wie du ein Problem lösen könntest.

Das passt aber nicht zu deinem Weltbild und dem, was du so denkst.

Was tust du?

DER BRAUCHT MIR
GAR NICHTS ZU
ERZÄHLEN!
ICH WEIß ES
SOWIESO BESSER!

Manchmal ist es gut, sich eine andere Meinung vorurteilsfrei anzuhören.

Was hast du schon zu verlieren?

Niemand kann sich doch absolut sicher sein, dass er recht hat, oder?

Und witzig ist ja auch, dass alle immer denken, dass sie schlauer sind als alle anderen.

Wie kann das sein?

ICH HÖRE ES MIR
ERSTMAL AN.
ICH KANN VON
JEDEM ETWAS
LERNEN.

"Durch nichts bezeichnen die Menschen mehr ihren Charakter als durch das, was sie lächerlich finden."

Goethe

Die Komfortzone

Du hast ein Problem.

Um es zu lösen, müsstest du deine Komfortzone verlassen und die Lösung aktiv angehen.

NA JA, SO SCHLIMM
IST ES JA GAR NICHT!
DA MUSS ICH JA
EIGENTLICH NICHTS
UNTERNEHMEN!

Wenn man aus Bequemlichkeit nichts tut, um seine Situation zu verbessern, bleibt man in der Mittelmäßigkeit stecken.

Das mag ja an sich nicht tragisch sein.

Aber macht es auf Dauer wirklich glücklich?

Sage nicht mehr hätte, sollte, müsste, eventuell, vielleicht, eigentlich…

Tu es oder lass es!

ICH HABE EIN ZIEL UND TUE ALLES, UM ES ZU ERREICHEN!

„Mut brüllt nicht immer nur.
Mut kann auch die leise Stimme
am Ende des Tages sein, die sagt:
Morgen versuche ich es nochmal."

Mary Anne Radmacher
(Schriftstellerin)

Irgendwann

Es gibt so viel zu entdecken auf dieser Welt.

So viele Länder, andere Kulturen, so viele Abenteuer.

Wann geht's los?

DAS KANN ICH IMMER
NOCH MACHEN, WENN
ICH IN RENTE BIN.

Wer weiß denn, wie es dir geht, wenn du
in Rente bist?

Bist du dann gesundheitlich überhaupt
noch in der Lage zu reisen?

Das sagt die Forschung:
Große Ereignisse, wie ein Lottogewinn
oder eine Heirat machen nur kurzfristig
glücklich.

Vielmehr sollte man sich kleine
„Glücksinseln" im Alltag aufbauen.

Finde Dinge, die du gut und gerne
machst, und tue sie tatsächlich und
regelmäßig.

ICH LEBE JETZT UND ICH WILL JETZT ETWAS ERLEBEN!

"Es gibt nur zwei Tage im Jahr, an denen man nichts tun kann. Der eine ist Gestern, der andere Morgen. Dies bedeutet, dass heute der richtige Tag zum Lieben, Glauben und in erster Linie zum Leben ist."

Dalai Lama

Ziele

Was macht dich glücklich?

KEINE AHNUNG!
WENN ICH GLÜCKLICH
BIN, MERKE ICH ES
NOCH FRÜH GENUG!

Es ist sehr sinnvoll, sich einmal damit zu beschäftigen, was einen denn glücklich machen würde, anstatt darauf zu warten, dass es zufällig passiert.

Vor allem, wenn man Dinge findet, die man selbst beeinflussen kann.

Wenn dich zum Beispiel schöne Blumen auf dem Tisch glücklich machen, dann besorg dir welche, anstatt darauf zu warten, dass dir jemand welche schenkt.

ICH HABE HIER MAL EINE LISTE GEMACHT!

"Wer nicht weiß, wohin er will, der darf sich nicht wundern, wenn er ganz woanders ankommt."

Mark Twain

Kleine Schritte zum Glück

Finde heraus, was dich glücklich machen würde.
Was ist dein Ziel?

Warte nicht darauf, dass es von alleine passiert,
sondern tue aktiv etwas dafür, dieses Ziel zu
erreichen.
Lass dich nicht davon abschrecken, dass du
denkst, es ist viel Arbeit oder es braucht viel Zeit.
Tue jeden Tag nur eine winzige Kleinigkeit dafür,
dass du dein Ziel erreichst.

Willst du eine neue Sprache sprechen können?
Wenn du jeden Tag nur einen Satz lernst, überleg
einmal, wieviel Sätze du in einem Jahr kannst.
Du musst nur anfangen!
Verknüpfe die neue Gewohnheit mit etwas, das du
sowieso schon jeden Tag automatisch machst.
Den ersten Kaffee am Morgen, der Spaziergang
am Abend. Aber setze auf jeden Fall die neue
Gewohnheit vor die alte Routine. Dann
funktioniert es besser und du bleibst am Ball.

Regen

Du willst einen Spaziergang machen und plötzlich fängt es an zu regnen.

Macht das irgendetwas mit dir?

OH NEIN, WAS FÜR
EIN MISTWETTER. DA
KRIEGE ICH GLEICH
SCHLECHTE LAUNE!

Viele Menschen lassen sich vom Wetter die Laune vermiesen.

Eigentlich schon lustig.
Der Mensch, das intelligenteste Wesen auf dieser Erde, hat Stress, wenn es regnet!

Was soll man dazu noch sagen?

Aber natürlich ist es auch immer ein gutes Gesprächsthema.
Schön unverfänglich.

"Ist das nicht ein Mistwetter?" "Ja, finde ich auch!"
Und schon ist man sich einig und fühlt sich verstanden.

"Wir schätzen die Menschen, die frisch und offen ihre Meinung sagen - vorausgesetzt, sie meinen dasselbe wie wir." Mark Twain

NA UND? DANN
MACHE ICH EBEN
ETWAS ANDERES!

"Ich freue mich, wenn es regnet.
Denn wenn ich mich nicht freue,
regnet es ja auch."
Karl Valentin

Den Widerstand aufgeben

Stress ist ein großes Thema. Alle sind gestresst. Aber was ist Stress überhaupt? Stress kann man so definieren: Das, was du erlebst ist anders als das, was du erwartest. Wenn du zum Beispiel aus Versehen ein Glas mit Salzwasser trinkst, hat dein Körper Stress. Die Alarmglocken schrillen, damit du sofort damit aufhörst.

Aber wenn du mit Absicht Salzwasser trinkst, weil dir jemand erzählt hat, dass das gut für deine Gesundheit ist, hat dein Körper keinen Stress mehr. Das Erleben stimmt mit dem Erwarteten überein.

Und wenn du nun nicht ändern kannst, was du erlebst? Dann ist das einzige, was du tun kannst, den Widerstand dagegen aufzugeben.

Probier das mal, wenn es das nächste Mal regnet!

Toxic positivity

Dir geht es nicht gut.

Immer wieder hast du ein komisches Gefühl, das dich belastet.

Was tust du?

ICH MUSS UNBEDINGT
GLÜCKLICH SEIN,
IMMER POSITIV
DENKEN, NEGATIVE
GEDANKEN UND
GEFÜHLE EINFACH
ABSCHÜTTELN. DANN
WIRD DAS SCHON
WIEDER.

Ein schlechtes Gefühl zu ignorieren ist keine gute Idee.

Genau wie ein körperliches Symptom will es uns ja auf etwas aufmerksam machen.

Wenn wir es ignorieren, wird es nur immer stärker.

Stattdessen ist es gut, hinzuschauen.

Was passiert gerade und warum?

Dann gibt es eine Chance, dass du die Ursache findest, etwas änderst und es dann wirklich besser werden kann.

IRGENDWAS STIMMT
DA NICHT!
ICH SCHAUE HIN,
WAS DAS GEFÜHL
MIR SAGEN WILL!

"Erleuchtung findet nicht, wer sich Lichtfiguren vorstellt, sondern wer sich die Dunkelheit bewusst macht."

Carl Gustav Jung

Haltung

Gehst und stehst du aufrecht?

Schaust du freundlich in die Welt?

IST MIR DOCH EGAL,
WIE ICH AUSSEHE!

Ein Mensch kann sich sein Glück nicht einfach "erlächeln".

Aber es ist sicher, dass sich Körper und Psyche tatsächlich beeinflussen.

Stelle dich einmal in Siegerpose hin und zaubere ein Lächeln - zur Not auch ein falsches - auf dein Gesicht.
Und jetzt versuche, dich traurig zu fühlen.
Es wird nicht gehen.

Oder umgekehrt: Kannst du fröhlich sein, wenn du zusammengesunken da sitzt und den Kopf hängen lässt?
Wahrscheinlich nicht.

Auf seine Haltung zu achten ist der absolut einfachste Weg, seine Stimmung den Tag über oben zu halten.

Tipp: Überprüfe mal die Haltung, die du hast, wenn du länger auf dein Smartphone schaust...

ICH GEHE AUFRECHT UND MACHE EIN FREUNDLICHES GESICHT!

"Es gibt zwei Arten, sein Leben zu leben: entweder so, als wäre nichts ein Wunder, oder so, als wäre alles ein Wunder."

Albert Einstein

Zum Ausprobieren...

Bevor du aus dem Haus gehst, setz dir vorher eine imaginäre Krone auf.

Geh so aufrecht, dass deine Krone nicht herunterfallen kann.

Begegne den Menschen mit einem leichten Lächeln.

Dir wird sofort auffallen, wie gebeugt die meisten Menschen gehen.

"Halte dir jeden Tag dreißig Minuten für deine Sorgen frei, und in dieser Zeit mache ein Nickerchen." Abraham Lincoln

Tod

Jeder Mensch, der geboren wurde, wird
eines Tages sterben.

Hast du dir darüber schon einmal
Gedanken gemacht?

NEIN, DAVOR HABE
ICH ANGST.
WARUM SOLLTE ICH
DAS TUN?

Dadurch, dass wir heutzutage so wenig Kontakt mit dem Tod haben, haben viele Menschen viel mehr Angst vor ihm als frühere Generationen.

Dabei ist jede Angst im Grunde eine Angst vor dem Tod.

Also können sich auch andere Ängste auflösen, wenn wir die Angst vor dem Tod verlieren.

Wenn wir in ein fremdes Land fahren, informieren wir uns vorher darüber.

So sind wir vorbereitet.

Und so könnten wir theoretisch auch die Reise ins Jenseits sehen.

Auf jeden Fall nützt es nichts, die Tatsache, dass wir sterben werden, einfach zu ignorieren.

NATÜRLICH!
WENN ICH MICH
DAMIT BESCHÄFTIGE,
HABE ICH NICHT
MEHR SO VIEL
ANGST.

> "Nicht den Tod sollte man fürchten, sondern dass man nie beginnen wird, zu leben."
>
> *Marcus Aurelius*
> *(römischer Kaiser und Philosoph)*

Nachrichten

20 Uhr Tagesschau.

Immer nur schlechte Nachrichten.

Schaust du jeden Tag?

NATÜRLICH!
ICH MUSS DOCH
WISSEN, WAS AUF
DER WELT PASSIERT!

Jeden Tag passieren schlimme Dinge auf
dieser Welt. Es ist zum Verzweifeln.

Aber hilft es uns wirklich, wenn wir das
alles wissen?
Warum müssen wir wissen, ob in
Stockholm eine Scheune abgebrannt ist?

Wir können doch nichts daran ändern.

Aber es fördert unsere Ängste.

Natürlich können wir nicht alles
ignorieren, was auf der Welt passiert.

Aber warum müssen wir uns ständig
damit beschäftigen?
Vor allem mit den Dingen, die vielleicht
passieren können.

Es verstärkt unsere Angst.
Und Angst blockiert unsere Fähigkeit,
reflektiert zu denken.

EHER NICHT.
SCHLECHTE
NACHRICHTEN
MACHEN NUR
SCHLECHTE LAUNE!

> "Wir sind, was wir denken. Alles, was wir sind, entsteht aus unseren Gedanken. Mit unseren Gedanken formen wir die Welt."
>
> *Buddha*

Lebensenergie

Wir Menschen befinden uns permanent in einem Energieaustausch.
Du hast das bestimmt schon einmal erlebt.
Du bist gut gelaunt und voller Energie und dann verbringst du Zeit mit einem negativ eingestellten Menschen.
Nach einiger Zeit wirst du schlapp und deine Stimmung sinkt.
Der andere hat jetzt mehr Energie und du hast Energie verloren.

Das gleiche passiert, wenn du einen Angriff erlebst. Zum Beispiel wenn dein Chef dich anmeckert. Ihm geht es danach besser und dir schlechter.

Wenn du offen für dieses Thema bist, kannst du auch hier etwas aktiv tun.
Im **Mindflow**-Konzept gibt es praktische Übungen dazu und Therapeuten, die dir dabei helfen können.

Perfektionismus

Du denkst, dass alle anderen etwas viel besser können als du.

Womöglich lachen sie dich aus, wenn du es auch einmal versuchst?

WENN ICH ES NICHT
PERFEKT KANN,
MACHE ICH ES LIEBER
GAR NICHT.

Andere kochen auch nur mit Wasser, heißt es doch so schön.

Und außerdem ist perfekt meistens auch langweilig.

Noch ein Spruch?
"Es ist noch kein Meister vom Himmel gefallen."

Der Mensch, der etwas besser kann als du, war wahrscheinlich auch nicht gleich von Geburt an so perfekt, wie du ihn siehst.

Und was noch dazukommt: Tatsächlich sind die meisten Menschen viel zu sehr mit sich selbst beschäftigt, als dass sie genau schauen würden, was du für Fehler machst.

WAS IST SCHON
PERFEKT?
HAUPTSACHE ICH
HABE SPAß!

"Du wirst morgen sein, was Du heute denkst."

Buddha

Mach dir den Alltag leicht

Manche Aufgaben können ganz schön nerven. Bei mir war das die tägliche Entscheidung, was ich meiner Familie zu Essen machen soll.

Irgendwie war das ein Dauerthema. Ich habe es mit verschiedenen Listen und so etwas versucht. Hat alles nicht richtig geklappt. Bis ich dann selber ein Planungstool entwickelt habe.
Den "A la Carte-Essens- und Einkaufsplaner" Mir hat es einen riesigen Berg Planungsarbeit abgenommen. Vielleicht hilft es dir auch?

Und vielleicht fällt dir ja für deine nervigen Alltagsaufgaben auch irgendwann eine Lösung ein?
Nur nicht aufgeben!

Schuld

Du hattest eine schwere Kindheit.

Deine Eltern haben dich nicht so
unterstützt, wie sie es hätten tun sollen.

Manchmal haben sie dich traurig
gemacht und dich ungerecht behandelt.

Wie solltest du dann jetzt glücklich sein?

GENAU!
MEINE ELTERN SIND
AN ALLEM SCHULD!

Natürlich wäre es schön, wenn wir alle
perfekte Eltern gehabt hätten.

Aber so ist es nunmal nicht.

Jetzt hast du die Wahl:
Willst du ewig Opfer sein?

Oder löst du deine Probleme und fängst
endlich an, zu leben?

DIE KINDHEIT IST
VORBEI.
ICH BIN JETZT FÜR
MEIN LEBEN
VERANTWORTLICH.

"Der eigentliche Sinn unseres
Lebens besteht im Streben nach
Glück."

Dalai Lama

4 Zutaten zum Glück

Psychologen haben herausgefunden, was zu mehr Glücksgefühlen führen kann.
(Positive Psychologie)

Die gute Nachricht ist, dass es nichts mit Geld zu tun hat oder mit dem Schicksal.

Wir haben es selbst in der Hand.

Versuche jeden Tag alle vier Bereiche abzudecken.

1. Vergnügen

2. Befriedigung

3. bedeutungsvolles Leben

4. Zufriedenheit

Vergnügen

Das Vergnügen ist ein kurzfristiges, meist körperliches Gefühl, leicht wiederholbar und überhaupt nicht tiefsinnig.

Beispiele für Vergnügen sind:

- ein Eis im Sommer,

- der erste Kaffee am Morgen,

- ein heißes Bad oder eine kalte Dusche

- schaukeln.

Befriedigung

Befriedigung ist das Gefühl, das sich einstellt, wenn vorher etwas Unangenehmes oder auch Anstrengendes erledigt wurde.

Beispiele dafür sind:
- die Minuten nach dem Sport, den du eigentlich nicht gerne machst,
- wenn du die Steuererklärung erledigt hast,
- wenn du eine Dreckecke aufgeräumt hast, die schon lange da war.

bedeutungsvolles Leben

Das tiefergehende Glücksgefühl des bedeutungsvollen Lebens, verspürst du, wenn du deinem Leben einen Sinn gibst.

Beispiele dafür sind:
- Religionen,
- Vereinszugehörigkeiten,
- dein Weltbild.

Ein Aspekt des bedeutungsvollen Lebens ist das Dasein für andere bei einer ehrenamtlichen Tätigkeit.

Es reicht aber auch schon, wenn du in einer Fangemeinschaft für deinen Fußballverein bist.

Zufriedenheit

Die Zufriedenheit stellt sich ein, wenn du das Gefühl hast, genug getan zu haben, um eins deiner Ziele zu erreichen.

Dabei ist es egal, ob du dein Ziel tatsächlich erreichst.
Hauptsache, du hast alles getan, was in deiner Macht steht.

Du siehst, keiner dieser Aspekte hat etwas mit Schicksal oder Geld zu tun. Es ist allein deine Entscheidung, was du für dein persönliches Glück tust.

"Die besten Dinge im Leben sind nicht die, die man für Geld bekommt."
Albert Einstein

Mitleid

Deinem Freund geht es schlecht.

Er heult sich jeden Tag bei dir aus und
zieht dich damit richtig runter.

Wenn er anruft, weißt du schon, dass du
dich auch gleich schlecht fühlen wirst.

ICH MUSS FÜR IHN
DA SEIN.
EGAL, WIE ES MIR
DAMIT GEHT.

Jeder muss die Verantwortung für sein Leben selbst übernehmen.

Wenn er nichts ändern will, hast du auch das Recht, keine Zeit mehr mit ihm zu verbringen.

Niemand wird für die Probleme, die er hat, geliebt - höchstens eine gewisse Zeit bemitleidet.

Das ist zwar hart, aber es stimmt.

Mitleid hilft niemandem.

Biete deine Hilfe im Rahmen deiner Möglichkeiten an.
Aber lass dich nicht benutzen, wenn jemand selbst nicht aktiv werden will, um seine Situation zu verbessern.

Auf Dauer wirst du nur deine Lebensenergie verlieren.

ICH HABE VERSUCHT,
IHM ZU HELFEN.
ABER ES HILFT IHM
NICHT, WENN ES MIR
AUCH SCHLECHT
GEHT

> "Man kann den Menschen nicht auf Dauer helfen, wenn man für sie tut, was sie selbst tun können und sollten."
> *Abraham Lincoln*

Aus der Fülle geben

Es gibt viele Menschen, die sich für andere aufopfern, weil sie glauben, dass sie das tun müssten.

Ich bin da ganz anderer Meinung.

Wenn man so viel von seiner Energie gibt, dass man selber im Mangel ist, ist niemandem geholfen. Das ist wie im Flugzeug bei Druckabfall, wenn man erst selber die Atemmaske aufsetzen soll, bevor man anderen hilft.
Es nützt doch niemandem, wenn man irgendwann zusammenklappt.
Sorge dafür, dass du genug Lebensenergie hast. Und das, was überfließt, kannst du teilen, mit wem du möchtest. Dann gibst du aus der Fülle heraus.
Und das fühlt sich für alle viel besser an.

Selbstliebe

Was siehst du, wenn du in den Spiegel
schaust?

Siehst du traurige Augen?
Den einen kleinen Fleck auf deiner Haut?

Wie sieht dein Spiegelbild dich an?

Oder wenn du über dich nachdenkst?
Wie du bist, was du tust, was du kannst.
Bist du zufrieden mit deinem Leben?
Damit, was du den ganzen Tag tust?

Verurteilst du dich für Dinge, die du in
der Vergangenheit getan hast?

ICH FINDE MICH BLÖD!
ALLE ANDEREN SIND
VIEL TOLLER!

Jeder Mensch ist es wert, geliebt zu werden!

Auch du!

Und wenn schon nicht von anderen, dann doch wenigstens von dir selbst.

Wenn du dich selber nicht liebst, wie kannst du dann von jemand anderem verlangen, dass er es tut?

Sieh dich selbst als das göttliche Wesen, als das du erschaffen worden bist.

Es nützt der Welt nicht, wenn du dich klein machst!

ICH MAG MICH SO WIE ICH BIN!

> Als ich mich wirklich selbst zu lieben begann, habe ich aufgehört, immer recht haben zu wollen, so habe ich mich weniger geirrt. Heute habe ich erkannt, das nennt man "Einfach-Sein".
>
> *Charlie Chaplin*

Konditionierung

Kennst du das Phänomen des Pawlowschen Hundes? Der Speichel des Hundes fängt an zu fließen, wenn er eine Glocke hört, weil er zuvor die Glocke immer zeitgleich mit dem Futter wahrgenommen hat. Das nennt man Konditionierung.
Und das funktioniert bei uns Menschen ganz genau so.
In unserer Psyche werden manchmal Dinge verknüpft, die gar nichts miteinander zu tun haben. Besonders schnell passiert das, wenn sehr starke Gefühle im Spiel sind und eine Situation als sehr bedrohlich empfunden wird.

Es gibt zum Glück Methoden, mit denen man diese Situationen aufspüren und den darin gespeicherten Stress auflösen kann.

Loslassen

Etwas in deinem Leben verändert sich.

Vielleicht geht eine Freundschaft in die
Brüche.

Oder du musst aus deiner Wohnung
raus.

Oder ein Gegenstand, den du mochtest,
geht kaputt.

DAS IST ALLES SO
GEMEIN!
ICH WILL, DASS ES
WIEDER SO IST WIE
FRÜHER!

Eins ist sicher:
Nichts bleibt, wie es ist.

Du kannst dir selbst sehr viel Unglück
ersparen, wenn du diese Wahrheit
akzeptierst.

IST ZWAR SCHADE
ABER SO HABE ICH
DIE HÄNDE FREI FÜR
ETWAS NEUES!

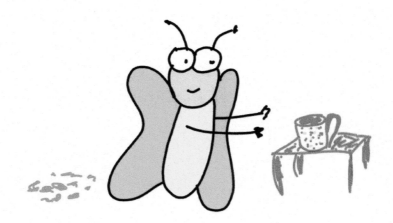

> "Häng dein Herz nicht an Dinge!
> Unter diesem Gesichtspunkt habe
> ich nichts gegen das Sammeln von
> Krams."
>
> *Maude*
> *(aus dem Film "Harold and Maude")*

Ganz tief unten

Du hast richtig viel Pech.

Vielleicht hast du deine Arbeit verloren.

Oder dein Vermieter hat den Mietvertrag gekündigt.

Oder du bist mit dem Fuß umgeknickt und hast jetzt einen Gips. Und deshalb kannst du nicht in den Urlaub fliegen, auf den du dich schon so lange gefreut hast.

Kurz gesagt: Es geht dir richtig schlecht.

MIR GEHT ES SO
SCHLECHT!
NIEMALS WIEDER
WIRD ES MIR GUT
GEHEN!

Es kann immer mal passieren, dass es nicht so läuft, wie du das gerne hättest.

Daran kannst du nichts ändern.

Aber du kannst ändern, wie du darauf reagierst.

Frage dich nicht, "Warum ist das passiert?"

Das hält dich nur in der Vergangenheit und hilft überhaupt nicht.

Frage lieber "Wie kann es wieder besser werden?"

So hast du eine bessere Chance, aktiv aus der Situation herauszukommen.

DAS IST JETZT NUN
MAL SO.
ICH ÜBERLEGE, WAS
ICH TUN KANN, DAMIT
ES WIEDER BESSER
WIRD!

"Durch Fehler und Irrtümer
vervollkommnet sich der Mensch.
Durch das Leid aber lernt er, dass
alle Wege, die in Dunkelheit
beginnen, zum Lichte führen
müssen."

Hippokrates

Dauerhafte Stress-Auslöser

Stress ist die Ursache von vielen körperlichen und seelischen Symptomen.
Dabei ist allerdings nicht nur die alltägliche Hektik gemeint, in der viele stecken.
Es gibt Stress-Situationen, die in der Kindheit entstanden sind und die immer noch in uns wirken.

Dies betrifft besonders Situationen, die mit starken Gefühlen wie Angst verbunden sind.

Der erste Tag im Kindergarten, in der Schule ausgelacht werden, von den Eltern angeschrien werden, nachts plötzlich allein sein. Das alles ist im Unterbewusstsein gespeichert und beeinflusst unser Verhalten und unsere Gefühle.

Es kann sein, dass du dich nicht geliebt fühlst,
weil so eine Situation noch in deinem
Unterbewusstsein wirkt.

Der Mechanismus dahinter ist, dass ein Kind
noch kein Zeitgefühl hat.
Wenn die Mutter plötzlich weg ist, ist es für
das Kind so, als wäre sie für immer weg.
Das Dumme ist, dass man so etwas
normalerweise nicht weiß, weil es ja
unbewusst ist.

Falls du das Gefühl hast, dass dich
irgendetwas in deiner Lebenskraft blockiert,
könnte es so eine Ursache haben.
Aber du musst dich damit nicht abfinden. Es
gibt Methoden, mit denen man solche
Themen bearbeiten kann.

Entscheidungen

Du bist unglücklich mit deiner Arbeit.

Jeden Morgen bekommst du schon Bauchschmerzen, wenn du nur daran denkst, was gleich wieder auf dich zukommt.

Oder deine Beziehung ist nicht mehr schön.

Ihr streitet nur noch.

Was tust du?

VIELLEICHT WIRD ES
JA NOCH SCHLIMMER,
WENN ICH MICH FÜR
ETWAS ANDERES
ENTSCHEIDE!
DA LASSE ICH ES
LIEBER SO WIE ES IST.

Viele Menschen bleiben lieber in der
vertrauten Hölle als es mit einer
unbekannten Höhle zu probieren.

Dabei lassen sie sich viele Erfahrungen
entgehen.

Natürlich weiß man nie, wie es ist, wenn
man eine Entscheidung trifft.

Aber keine Entscheidung zu treffen,
bedeutet stillzustehen, sein Leben vom
Zufall abhängig zu machen und seine
Ziele nicht aktiv zu verwirklichen.

ICH VERTRAUE
MEINER INTUITION
UND HABE DEN MUT,
ENTSCHEIDUNGEN ZU
TREFFEN!

"Vergiss alle Gründe, warum du scheitern könntest, und konzentriere dich auf den einen Grund, warum du es schaffen kannst."

Sinn

Wie lebst du dein Leben?

Einfach so in den Tag hinein?

Suchst du nur das kurze Vergnügen?

Oder versuchst du, etwas Sinnvolles zu tun?

ALLES WAS WIR TUN
IST SINNLOS!
WIR STERBEN JA
SOWIESO!

Es macht einen großen Unterschied für dein Leben, ob du denkst, dass alles im Leben Zufall ist, oder ob du denkst, dass es eine Ordnung im System gibt.

Wenn alles Zufall ist, kannst du immer sagen, dass du nichts dafür kannst, was dir passiert.

Du übernimmst keine Verantwortung.

Das mag bequemer sein.

Aber ist es nicht ein inspirierender Gedanke, dass du mit dem, was du tust, einen Einfluss auf dein Leben hast?

Was würdest du ändern, wenn du sicher wüsstest, dass es so ist?

DAS LEBEN HAT EINEN SINN! ES GIBT EINEN GROSSEN ZUSAMMENHANG!

„Gib niemals auf, für das zu kämpfen, was du tun willst. Mit etwas, wo Leidenschaft und Inspiration ist, kann man nicht falsch liegen."

Ella Fitzgerald
(Sängerin)

Gottvertrauen

Viele Menschen halten sich für besonders modern und aufgeklärt, wenn sie nicht an die Existenz einer göttlichen Kraft glauben. Ich finde, das ist eher umgekehrt der Fall.

Der bekannte Physiker Max Planck hat gesagt: „Für den gläubigen Menschen steht Gott am Anfang, für den Wissenschaftler steht er am Ende aller Überlegungen."

„Der erste Schluck aus dem Becher der Naturwissenschaft macht atheistisch, aber auf dem Grunde des Bechers wartet Gott!" Das ist von Werner Heisenberg, auch ein Physik-Nobelpreisträger.

Interessant, oder?

Fehler

Du hast etwas falsch gemacht.

Hast dich falsch verhalten.

Hast eine falsche Entscheidung getroffen.

Wie fühlst du dich?

ICH BIN SO EIN IDIOT!
NICHTS KANN ICH
RICHTIG MACHEN!

Stell dir vor, jedes Kind könnte direkt nach der Geburt schon alles, was Erwachsene können.

Es würde nie etwas falsch machen.

Es bräuchte gar nicht zur Schule zu gehen, weil es schon alles weiß.

Ich finde, das ist eine komische Vorstellung.

Schau auf dein Leben zurück.

Hast du nicht vor allem aus den Fehlern gelernt, die du gemacht hast?

Du wärst gerne von Anfang an perfekt gewesen, stimmt's?

Tja, so funktioniert das Leben nicht.

ICH HABE KEINE
FEHLER IM LEBEN
GEMACHT, SONDERN
ERFAHRUNGEN!

"Dumme und Gescheite
unterscheiden sich dadurch, dass
der Dumme immer dieselben
Fehler macht und der Gescheite
immer neue"
Kurt Tucholsky

Vergangenheit

Früher war alles besser.

Du warst jung, schön, schlank.

Das Leben war leicht.

Deine Arbeit hat dir mehr Spaß gemacht.

Selbst das Wetter war früher besser.

JA, DAMALS WAR ES
VIEL SCHÖNER ALS
HEUTE!
ICH DENKE OFT
DARAN, DASS ES TOLL
WÄRE, WENN ES
WIEDER SO WÄRE.

Was ist das, was uns am meisten an
älteren Leuten nervt?

Dass sie immer nur von der
Vergangenheit erzählen. In
Endlosschleife dieselben alten
Geschichten.

Wir könnten ja alle mal versuchen, es
anders zu machen.

Vielleicht würden dann unsere Kinder
und Enkel wieder gerne mehr Zeit mit
uns verbringen.

ICH HÄNGE WEDER IN
DER VERGANGENHEIT
NOCH IN DER
ZUKUNFT FEST!
ICH LEBE HIER UND
JETZT!

"Verweile nicht in der Vergangenheit, träume nicht von der Zukunft. Konzentriere dich auf den gegenwärtigen Moment."

Buddha

Sturheit

Du hast eine Eigenschaft, die dich stört.

Vielleicht stört sie auch andere.

Vielleicht kommst du immer zu spät oder
bist unzuverlässig.

Oder du hast schlechte Tischmanieren.

Was sagst du dazu?

ICH BIN HALT SO!
DA KANN MAN
NICHTS MACHEN!
DAMIT MÜSSEN SICH
DIE ANDEREN
ABFINDEN!

Weiterentwicklung ist etwas sehr Schönes und Spannendes.

Ich bin davon überzeugt, dass wir uns immer entwickeln und verändern können.

Egal, wie alt wir sind.

Und besonders, wenn unser Verhalten auch andere Menschen betrifft, sollten wir darüber nachdenken, ob wir uns positiv verändern können.

Wäre es nicht schön, wenn alle etwas mehr Rücksicht auf andere nehmen würden?

Stell dir mal vor, was das für Auswirkungen auf unser gesamtes Umfeld hätte.

ICH KANN IMMER AN
MIR ARBEITEN, WENN
MIR ETWAS NICHT
GEFÄLLT!
ES GIBT FÜR ALLES
BÜCHER, SEMINARE,
VIDEOS...

"Leben heißt sich verändern.
Vollkommen sein heißt, sich oft
verändert zu haben.
John Henry Newman
(engl. Kardinal)

Hetze

Wenn dich jemand fragt, ob du Zeit für ein Treffen hast.

Wie lange dauert es, bis du einen Termin gefunden hast?

ICH HABE HALT VIEL ZU TUN! VIEL ARBEIT, VIELE FREUNDE UND VIELE HOBBIES. DA FINDE ICH NICHT SO SCHNELL EINEN FREIEN TERMIN!

Manche Menschen haben sogar in ihrer Freizeit keine Zeit.

Weder für sich selbst noch für Dinge, die sie gerne tun.

Da steigt der Blutdruck ja automatisch.

Nimm dir die Zeit, um für dich herauszufinden, welche Termine du wirklich unbedingt wahrnehmen musst.

Auch wenn es schöne Dinge sind, kann es manchmal zu viel sein, wenn du nicht zwischendurch mal durchatmen kannst.

Schöpfe neue Kraft in der Ruhe!

ICH STOPFE MIR MEINEN TERMINKALENDER NICHT VOLL! SO HABE ICH IMMER ZEIT FÜR MICH UND FÜR SPONTANE IDEEN.

> "Faulsein ist wunderschön!
> Und dann muss man ja auch noch
> Zeit haben, einfach dazusitzen und
> vor sich hin zu schauen"
> *Pippi Langstrumpf*

Bewertungen

Wenn du anderen Menschen begegnest,
fällst du dann sofort ein Urteil über sie?

Darüber, wie sie gekleidet sind,

wie sie sprechen,

was sie für eine Meinung haben?

NA KLAR!
GUCK MAL, WIE DIE
AUSSIEHT, DAS IST JA
UNMÖGLICH!

Das Leben kann sich sofort entspannen, wenn du aufhörst, andere Menschen zu beurteilen.

Jeder Mensch denkt ja, dass er schlauer ist als alle anderen.

Aber wie kann er denn sicher sein?

Lass die anderen so sein, wie sie nunmal sind.

Sie haben das Recht dazu.

Und das Schöne ist, dass du auch das Recht dazu hast, so zu sein, wie du bist.

ICH AKZEPTIERE DIE
MENSCHEN, SO WIE
SIE SIND!
WARUM SOLLTE ICH
ANDEREN MEIN
WELTBILD
AUFDRÜCKEN
WOLLEN?

"Es hört doch nur jeder, was er versteht."
Goethe

Spiegel

Für ein kleines Kind sind Spiegelneuronen
sehr wichtig. Es erkennt sich quasi selbst im
Verhalten des Erwachsenen.
Dieses Phänomen bleibt bestehen, wenn wir
älter werden. Das bedeutet, dass wir uns
durch andere Menschen oft wie in einem
Spiegel selber erkennen können.

Umgekehrt ist es aber auch so. Manchmal hat
die Reaktion eines Menschen auf uns gar
nichts mit uns zu tun, sondern nur mit ihm
selbst.
Das alles wirklich zu verstehen, ist nicht
leicht. Aber wenn du das nächste Mal in eine
komische Situation mit einem anderen
kommst, kannst du ja mal darüber
nachdenken.

Verantwortung

Du hast zu wenig Geld, weil der Staat
sich nicht genug um dich kümmert.

Der Arzt kümmert sich nicht genug um
dich.
Sonst wärst du ja nicht krank.

Gibst du die Verantwortung für dein
Leben gerne ab?

NA KLAR!
DIE SIND DAFÜR
ZUSTÄNDIG!
DIE WERDEN DAFÜR
BEZAHLT!
DIE SOLLEN SICH
KÜMMERN!

Gerade in Bezug auf ihre Gesundheit
überlassen viele Menschen die
Verantwortung dafür ihrem Arzt.

Dabei kann er es nicht beeinflussen, ob
du dich gesund ernährst, ob du dich
genug bewegst, ob du gute Gedanken
und eine gute Stimmung hast.

Er ist kein Mechaniker, der deinen Körper
so reparieren kann wie ein Auto.

Du musst dich schon selber um dich
kümmern.

Es ist doch dein Leben!

DIE VERANTWORTUNG FÜR MEIN LEBEN ÜBERNEHME ICH SELBER!

"Wer nicht jeden Tag etwas für seine Gesundheit aufbringt, muss eines Tages sehr viel Zeit für die Krankheit opfern."

Sebastian Kneipp

Alles hat eine Ursache

Hast du Angst davor, ganz plötzlich eine schwere Krankheit zu bekommen?
Eine Krankeit, von der die Ärzte sagen, dass sie unheilbar ist?
Diese Angst kannst du eigentlich nur haben, wenn du der Meinung bist, dass alles im Leben Zufall ist.

Wenn das so wäre, wäre es zwar bequemer, weil du ja nichts tun kannst, aber ich finde den Gedanken wirklich beängstigend!

Lieber ist mir da das Konzept der alternativen Medizin, dass alles eine Ursache hat, die man beeinflussen kann. Natürlich muss man dann selber wieder die Verantwortung für seine Gesundheit übernehmen. Aber man ist auch nicht mehr dem Zufall ausgeliefert.
Was denkst du darüber?

unbedingt

Es gibt etwas, das du unbedingt willst.

Doch leider liegt es nicht in deiner Macht,
es zu bekommen.

Vielleicht willst du unbedingt, dass bei
deiner Hochzeit die Sonne scheint.

Vielleicht willst du unbedingt diesen
einen Partner oder diese eine
Arbeitsstelle.

Doch egal, was du tust, du bekommst es
nicht.

ICH WILL DAS ABER
UNBEDINGT!
UND WENN ICH ES
NICHT BEKOMME,
DANN HAT MEIN
LEBEN KEINEN SINN!

Natürlich sollte man immer etwas dafür
tun, das zu bekommen, was man will.

Aber wenn es nunmal partout nicht
klappt, dann ist es manchmal besser,
loszulassen und zu schauen, was es sonst
noch für Möglichkeiten gibt.

Vielleicht ist das, was du unbedingt
willst, gar nicht gut für dich und du
siehst es nicht, weil du dich so in eine
Sache verrannt hast?

ICH FOLGE DEM
FLUSS DES LEBENS.
WER WEIß, WAS DAS
LEBEN MIR
STATTDESSEN ZU
BIETEN HAT?

„Zur Wahrscheinlichkeit gehört
auch, dass das Unwahrscheinliche
eintreten kann."

Aristoteles
(384-322 v.Chr. griech. Philosoph)

Natur

Wie verbringst du deine Freizeit?

Bist du immer vor dem PC?

Oder jeden Tag vor dem Fernseher?

OHNE HANDY, PC,
FERNSEHER BIN ICH
NICHTS!
ALLES ANDERE IST
DOCH LANGWEILIG!

Es ist gut, sich daran zu erinnern, dass wir Menschen ein Teil der Natur sind.

Besonders fühlen kann man das bei einem Spaziergang im Wald.

Oder einfach so beim Sitzen im Grünen.

Ohne elektronische Geräte.

Wenn du dich nicht ständig ablenkst, kannst du in dich hineinhorchen und deine innere Stimme hören.

Nur so kannst du herausfinden, wer du wirklich bist und was du wirklich willst in deinem Leben.

ICH BIN SO OFT WIE MÖGLICH DRAUßEN IN DER NATUR!

"Das Schönste, was wir erleben
können, ist das Geheimnisvolle."
Albert Einstein

Verzeihen

Jemand hat dich verletzt, dir etwas
angetan, dich blöd behandelt.

Wie lange hast du einen Hass auf diesen
Menschen?

Wie oft denkst du daran?

Wie oft erzählst du anderen davon?

DAS WAR SO
SCHLIMM, WAS DER
GEMACHT HAT!
BITTE SAG MIR, DASS
DU DAS AUCH SO
SCHLIMM FINDEST
UND AUF MEINER
SEITE BIST!

Manchmal spiegeln uns andere Menschen nur das, was in uns geheilt werden will.

Wenn dir jemand zeigt, dass er dich nicht mag, könnte es ein Hinweis darauf sein, dass du dich selbst nicht magst.

Und auch wenn es nicht so ist, hast du nichts davon, wenn du immer wieder an die alten Geschichten denkst.

Es ist so, als würdest du Gift trinken in der Hoffnung, dem anderen dadurch zu schaden.

Den anderen interessiert das gar nicht.

Er weiß wahrscheinlich gar nichts davon.

Der einzige Mensch, dem du schadest, wenn du nicht verzeihen kannst, bist du.

DAS WAR ECHT
NICHT COOL!
ICH SCHAUE MAL, OB
ES ETWAS MIT MIR
ZU TUN HAT!

"Als ich aus der Zelle durch die Tür in Richtung Freiheit ging, wusste ich, dass ich meine Verbitterung und meinen Hass zurücklassen musste, oder ich würde mein Leben lang gefangen bleiben.

Nelson Mandela

Es gibt keine objektive Wirklichkeit

Dein Gehirn hat so etwas wie einen Filter.
Es nimmt nur die Dinge wahr, die gerade für dich passen und deiner inneren Einstellung entsprechen.
Das ist das Phänomen der "Selektiven Wahrnehmung". Du kennst das bestimmt: Wenn du dich für ein bestimmtes Auto interessierst, siehst du plötzlich nur noch genau diese Autos auf der Straße. Sie waren immer schon da, du hast sie nur nicht bemerkt.
Wenn du eine negative Grundhaltung hast, wirst du auch eher negative Dinge im Außen wahrnehmen.
Das, was du erlebst, spiegelt dir quasi deine innere Einstellung. Das bedeutet, dass, wenn dir das Außen nicht gefällt, du dein Inneres ändern solltest.

Egoismus

Ein anderer Mensch braucht deine Hilfe.

Es würde dich nicht viel Mühe, aber
etwas von deiner Zeit kosten.

Was tust du?

ANDERE MENSCHEN
SIND MIR EGAL!
HAUPTSACHE MIR
GEHT ES GUT!

Wenn du Freude schenkst, wird sie zu dir zurückkommen.

Natürlich sollst du dich nicht für andere aufopfern.

Aber manchmal kannst du mit einer Kleinigkeit einem anderen sehr viel Sorgen abnehmen oder Freude bereiten.

Und das fühlt sich dann auch für dich gut an.

ICH FREUE MICH, WENN ICH HELFEN KANN!

"Es nützt nichts, nur ein guter
Mensch zu sein, wenn man nichts
tut!"
Buddha

Gefühle

Es ist etwas richtig Schönes passiert.

Wie reagierst du?

Tanzt du im Zimmer herum?

Heulst du vor Freude?

Kann man deinen Jubelschrei drei
Straßen weiter hören?

UM HIMMELS WILLEN,
NEIN!
WAS SOLLEN DENN
DIE NACHBARN
DENKEN?

Probier es einfach mal aus!

Du wirst dich viel lebendiger fühlen,
wenn du deine Gefühle zulässt und sie
auch mal nach außen zeigst.

Sei nicht immer so erwachsen!

JUHUUUU!!!!!!
NA KLAR!!!

"Die höchste Form des Glücks ist
ein Leben mit einem gewissen Grad
an Verrücktheit."

Erasmus von Rotterdam
Theologe (1466-1536)

Materie

Was ist das Wichtigste in deinem Leben?

Wonach strebst du?

Ist es der große Erfolg, der dir
Reichtümer bringt?

Tust du alles für den finanziellen Erfolg?

Arbeitest du so viel, weil du denkst, dass
du nur glücklich sein kannst, wenn du
reich bist?

NATÜRLICH!
WENN ICH GENUG
GELD HABE, GEHT ES
MIR GUT!

Die Forschung hat es mittlerweile oft belegt.

Glückliche Menschen brauchen nicht unbedingt viel Geld.

Es gibt wunderbare Geschichten von Bankmanagern, die alles aufgegeben haben und auf einen Bergbauernhof gezogen sind.

Erst da sind sie wirklich glücklich geworden.

Schau nochmal zu den Erkenntnissen der Positiven Psychologie.

Da spielt Geld überhaupt keine Rolle.

GELD ZU HABEN IST
SCHÖN!
ABER DAS GLÜCK
FINDE ICH IN DEN
DINGEN, DIE NICHTS
KOSTEN.

"Hör auf, dem Geld nachzujagen und fang an, der Leidenschaft nachzujagen."

Tony Hsieh
(Internet-Unternehmer)

Und jetzt du...

Jeder ist seines Glückes Schmied, sagt man.

Anstatt tatenlos darauf zu warten, dass es zu dir kommt, kannst du dich und dein Umfeld so gestalten, dass das Glück gerne bei dir vorbeischaut und vielleicht sogar Lust bekommt, etwas länger bei dir zu wohnen.

Viel Spaß dabei!

Und noch ein letztes Zitat:

"Einem Kind, das sich vor der Dunkelheit fürchtet, kann man leicht verzeihen; die wahre Tragödie des Lebens ist, wenn Menschen sich vor dem Licht fürchten."
Platon

Kann ich dich inspirieren, die Reise zu mehr innerer Ruhe, Gelassenheit, Glück und Gesundheit wirklich zu beginnen?

Dann zeige ich dir die ersten Schritte in einem kurzen Video. Scanne einfach diesen QR-Code und schau dir meine kostenfreien zusätzlichen Praxistipps an.

oder

www.eva-spiegelsberger.de/buch-bonus

Und falls es dir dabei so geht wie mir manchmal und die Technik macht nicht das, was sie soll, dann schreib mir einfach eine Mail an

info@hp-spiegelsberger.de

Dann schicke ich dir den Zugang ohne Formular.

Für den Fall, dass du dich über die Methoden, mit denen ich arbeite oder die Autoren, von denen ich meine Weisheiten habe, informieren möchtest, habe ich hier eine kleine Aufstellung gemacht.

Methoden, um die seelischen Ursachen für dauerhafte Stressauslöser zu finden und zu lösen
- Tiefenpsychologisches Coaching
- Yager-Code
- Emotionscode
- Psychokinesiologie
- Mindflow

Methoden, um Verstrickungen zu lösen, z.B. nicht verzeihen können, Abhängigkeiten
- Tiefenpsychologisches Coaching
- Familienstellen

Im Hier und Jetzt leben. Alles, was ist, annehmen.
- Eckhart Tolle

negative Situationen nicht bewerten
- Kurt Tepperwein

Der innere Schweinehund und was eine
aufrechte Körperhaltung bewirken kann.
Mirsakarim Norbekov, "Eselsweisheiten"

Epigenetik & Vitalstoffe
- Dirk Kessler
- Dr. Michael Greger "How not to die"

Entscheidungen treffen, die Intuition stärken,
- Armlängentest
- Körperwippe
- Mindflow

Den Widerstand aufgeben, Verantwortung
übernehmen, seelische Blockaden lösen,
Lebensenergie erhöhen, nicht bewerten,
Spiegel, dem Fluss des Lebens folgen
- Mindflow

Und mit diesem QR-Code kommst du zum A la Carte Essens- und Einkaufsplaner.

Mir erleichtert er den Alltag sehr. Vielleicht dir auch?

-

- Auch ein schönes Geschenk für gestresste Familienmanagerinnen oder Kinder, die von zu Hause ausziehen.
(falls der QR-Code nicht geht schau einfach bei Amazon, Essensplaner A la Carte)

Copyright © 2023

Eva Spiegelsberger
Rheingaustraße 29c, 64807 Dieburg
Web: www.hp-spiegelsberger.de
E-Mail:info@hp-spiegelsberger.de
Tel: 015773559887

Autorin: Eva Spiegelsberger

Bildrechte & Lizenzen
Bilder wurden mit entsprechenden Lizenzen über:
https://canva.com erworben bzw. selber gemalt

Printed in Great Britain
by Amazon

33238247R00136